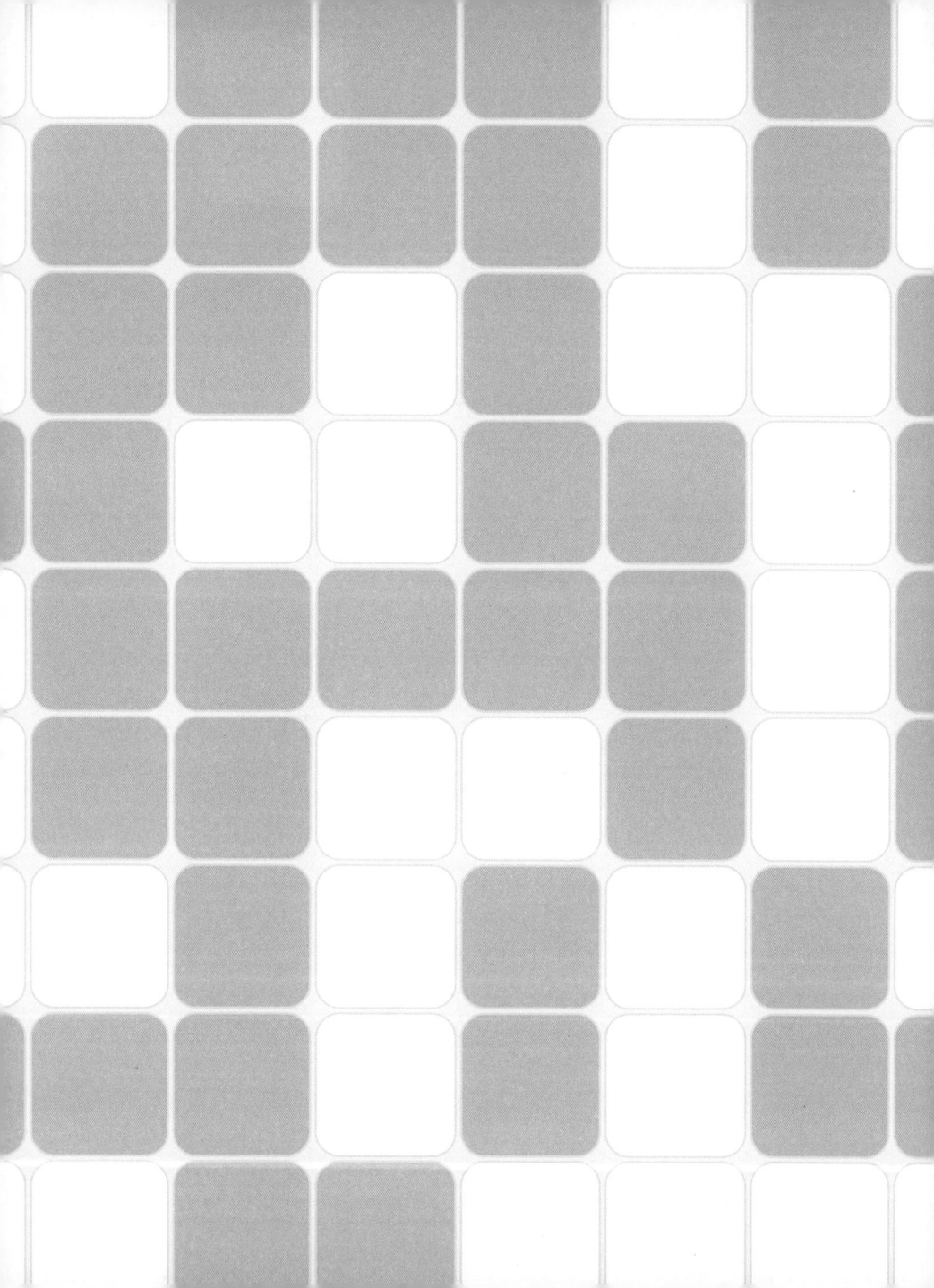

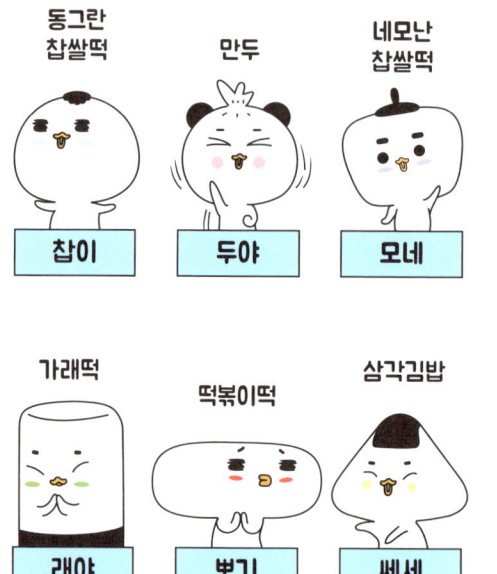

읽으면서 바로 써먹는 어린이 초등 교과 어휘

글·그림 한날 | 감수 김미하

파란정원

작가의 말

    테이블에 두 개의 과일 바구니가 있다고 상상해 볼까요? 우리는 두 바구니 중 한 바구니를 선택할 수가 있어요. 왼쪽 바구니에는 잘 익은 사과가 몇 개 담겨 있고, 오른쪽 바구니에는 잘 익은 사과와 딸기, 바나나, 오렌지 등 골라 먹을 수 있는 다양한 과일이 잔뜩 담겨 있어요. 당연히 나라면 주저 없이 여러 가지 맛을 느낄 수 있는 오른쪽 바구니를 선택할 거예요. 친구들의 선택도 다르지 않을 거라 생각돼요.

    어쩌면 우리가 일상에서 쓰고 있는 어휘도 이 바구니에 든 과일과 같다는 생각이 들어요. 다양하고 풍부한 어휘를 알고 일상에서 적절히 골라 사용할 수만 있다면, 우리의 대화와 글은 더욱 풍성하게 지식과 감정을 전달할 수 있을 테니까요.

《읽으면서 바로 써먹는 어린이 초등 교과 어휘》에서는 모험을 하며 만났던 많은 친구들이 총출동하여 찹이 패밀리의 일상에 찾아와 국어, 수학, 사회, 과학, 도덕 교과에서 나오는 다양한 어휘를 재미있게 알려 줍니다.

천방지축 엉뚱한 찹이 패밀리와 함께 재미있게 교과 어휘를 익히며 친구들이 가진 어휘 바구니를 더욱 풍성하게 채워 보세요. 어렵기만 하던 공부가 점점 재미있어질 거예요.

한날

차례

국어

- 001 자음자 | 모음자 | 낱말 … 12
- 002 의견 | 제안 | 토박이말 … 14
- 003 방언 | 외래어 … 16
- 004 호응 관계 | 기행문 … 18
- 005 육하원칙 | 장면 … 20
- 006 사건 | 배경 … 22
- 007 근거 | 비유 … 24
- 008 중심 문장 | 주어 … 26
- 009 서술어 | 목적어 … 30
- 010 추론 | 다의어 … 32
- 011 동형어 | 위기 … 34
- 012 절정 | 결말 … 36
- 013 직유법 | 논설문 … 38
- 014 토론 | 간추리다 … 40
- 015 고려하다 | 독백 … 42

도덕

- 016 화합 | 자주 … 48
- 017 끈기 | 공중도덕 … 50
- 018 배려 | 상징 … 52
- 019 경건하다 | 인내심 … 54
- 020 절제 | 준법 … 56
- 021 상부상조 | 안보 … 58
- 022 명예 | 녹색 성장 … 60
- 023 존중 | 권리 … 62
- 024 갈등 | 편견 … 64
- 025 관용 | 인권 … 66
- 026 존엄 | 자기 존중감 … 70
- 027 주체 | 협동 … 72
- 028 저작권 | 미덕 … 74
- 029 성찰 | 근검절약 … 76
- 030 공익 | 공감 … 78
- 031 여가 활동 | 중재 … 80
- 032 타협 | 선입견 … 82
- 033 가치관 | 욕구 … 84
- 034 인류애 | 비폭력 … 86
- 035 표결 | 공정 … 88

사회

- 036 교류 | 촌락 … 94
- 037 수출 | 생산 … 96
- 038 지형 | 무역 … 98
- 039 고분 | 방위표 … 100
- 040 권문세족 | 주권 … 102
- 041 환태평양 | 영토 … 104
- 042 상호 의존성 | 봉기 … 106
- 043 함락 | 고장 … 108
- 044 통신 | 면담 … 110
- 045 친선 관계 | 의식주 … 112
- 046 혼례 | 혼잡 … 116
- 047 정부 | 공공 기관 … 118
- 048 희소성 | 곶 … 120
- 049 항만 | 홍보 … 122
- 050 매체 | 중앙 집권 국가 … 124

- 051 신분 | 사대부 ⋯ 126
- 052 인문 환경 | 노비 ⋯ 128
- 053 견제 | 배타적 ⋯ 130
- 054 의병 | 등고선 ⋯ 132
- 055 대륙 | 대양 | 세시풍속 ⋯ 134
- 056 문화유산 | 세계화 ⋯ 136

수학

- 057 어림하다 | 수평 | 수직 ⋯ 142
- 058 변 | 분류 ⋯ 144
- 059 측정 | 사다리꼴 ⋯ 146
- 060 평행사변형 | 둔각 ⋯ 148
- 061 몫 | 분모 ⋯ 150
- 062 소수점 | 지름 ⋯ 152
- 063 자연수 | 이등변삼각형 ⋯ 154
- 064 수선 | 마름모 ⋯ 156
- 065 반올림 | 평균 ⋯ 158
- 066 막대그래프 | 무게 ⋯ 162
- 067 약수 | 최소공배수 ⋯ 164
- 068 전개도 | 약분 ⋯ 166
- 069 기약분수 | 점대칭도형 ⋯ 168
- 070 합동 | 둘레 ⋯ 170
- 071 다각형 | 각기둥 ⋯ 172
- 072 이하 | 미만 ⋯ 174
- 073 백분율 | 비 ⋯ 176
- 074 겉넓이 | 원주율 ⋯ 178

과학

- 075 열량 | 기온 ⋯ 184
- 076 한살이 | 풍화 ⋯ 186
- 077 습곡 | 지층 ⋯ 188
- 078 분출 | 반사 ⋯ 190
- 079 응결 | 생태계 ⋯ 192
- 080 용매 | 용질 ⋯ 194
- 081 관측 | 산성 ⋯ 196
- 082 자극 | 건구 온도계 ⋯ 198
- 083 나침반 | 압력 ⋯ 200
- 084 먹이 사슬 | 발화 ⋯ 202
- 085 남중고도 | 극지방 ⋯ 206
- 086 물질 | 탈바꿈 ⋯ 208
- 087 침식 | 혼합물 ⋯ 210
- 088 단층 | 떡잎 | 본잎 ⋯ 212
- 089 광합성 | 수생 식물 ⋯ 214
- 090 굴절 | 광원 ⋯ 216
- 091 증발 | 표면 ⋯ 218
- 092 염기성 | 반응 ⋯ 220
- 093 입자 | 공전 ⋯ 222
- 094 관찰 | 연소 ⋯ 224
- 095 세포 | 화성암 ⋯ 226
- 096 퇴적암 | 전자석 ⋯ 228
- 097 화석 | 태양계 ⋯ 230
- 098 이슬 | 속력 ⋯ 232

001

자음자, 모음자

한글을 구성하는 가장 작은 글자를 말해요. 자음자와 모음자를 조합하여 다양한 글자를 만들 수 있어요.

예) 자음자 : ㄱ, ㄴ, ㄷ…
　　모음자 : ㅏ, ㅑ, ㅓ…

낱말

낱말은 따로따로인 한 말 한 말을 말해요. 낱말이 모여 문장을 만들고, 문장이 모여 문단을 만들어요.

예) 낱말 : 사과, 맛있다
　　문장 : 사과는 맛있다.

002

의견, 제안

의견은 어떤 일이나 대상에 대하여 가지는 생각을 말하고, 제안은 생각이나 의견을 내놓는다는 말이에요.

예) 주말에 영화를 보자는 의견을 친구들에게 제안했어.

토박이말

본디부터 있던 말이나 그것에 기초하여 새로 만들어진 말이에요. 고유어라고도 불러요.

예) 아버지, 어머니, 하늘

003

방언

어느 한 지방에서만 쓰는, 표준어가 아닌 말을 말해요. 사투리라고도 불러요.

예 제주도 방언으로 아버지는 '아방', 어머니는 '어멍'이야.

외래어

외국에서 들어와 우리말처럼 쓰는 말이에요. 원래 의미를 그대로 가져오는 경우가 많아요.

예 텔레비전, 컴퓨터, 도넛, 돈가스, 넥타이, 버스, 택시, 메달

호응 관계

주어와 서술어의 연결 관계로 문장을 이루기 위해서는 문장 성분 사이의 호응 관계가 적절해야 하지요.

예) 어제저녁에 공원으로 산책을 나갔다. (○)
어제저녁에 공원으로 산책을 나간다. (×)

기행문

여행하며 보고, 듣고, 느끼고, 겪은 것을 적은 글로, '여정, 견문, 감상'이 드러나게 써야 해요.

예) 기행문은 여행 때 기억을 되새길 수 있고, 다른 사람에게는 여행 정보를 줄 수 있어.

005

육하원칙

기사를 쓸 때 지켜야 하는 여섯 가지 기본 원칙으로 '누가, 언제, 어디서, 무엇을, 어떻게, 왜'를 말해요.

예) 육하원칙에 맞춰서 이야기하면 논리적으로 말할 수 있어.

장면

영화, 연극, 문학 작품에서 벌어지는 사건의 한 모습을 말해요.

예) 주인공이 우는 장면에서 나도 같이 울었다.

006

사건
이야기를 전개하기 위해 벌어지는 일로, '인물, 사건, 배경'은 소설을 구성하는 3요소가 되지요.

例 사건을 통해 꼬리에 꼬리를 물며 이야기가 펼쳐진다.

배경
사건이 일어나는 시간 또는 장소로 시간적 배경과 공간적 배경이 있어요.

例 시간적 배경 : 조선 시대, 1960년대
공간적 배경 : 운동장, 집, 시장

007

근거

어떤 일이나 판단, 주장 따위가 나오게 된 바탕이나 까닭을 말해요.

예) 주장을 할 때는 이를 뒷받침할 수 있는 근거가 정확해야 해.

비유

어떤 일을 직접 설명하지 않고 비슷한 일이나 물건에 빗대어서 설명한다는 말이에요.

예) 비유는 깊은 인상을 남겨 전하고자 하는 메시지를 잘 전달할 수 있어.

앗! 저기 왔다!!

얘들아~, 오랜만이야!

도두크! 우리나라까지 오느라 고생했어.

다들 잘 지내고 있었지?

짠~, 너 이것 때문에 온 거지?

네가 온다고 해서 우리가 미리 준비해 두었지!

008

중심 문장
글이나 문단에서 중심 생각이 담겨 있는 문장으로 한 문단에 중심 문장은 보통 하나씩 담겨 있어요.

예) 어려운 글도 중심 문장을 찾으면 무엇을 말하고 있는지 쉽게 알 수 있어.

주어
동작이나 상태의 주체가 되는 말로, 문장에서 행동하는 말의 주인이 되는 말이에요.

관련) <u>나는</u> 늦잠을 잤다.
　　　주어

가로세로 낱말 퍼즐

❶ 'ㅏ, ㅑ, ㅓ, ㅕ'처럼 성대의 진동을 받은 소리가 발음 기관을 거쳐 나오면서 장애를 받지 않고 나는 소리
❷ 생각이나 의견을 내놓음
❸ 기사를 쓸 때 지켜야 하는 여섯 가지 기본 원칙
❹ 본디부터 있던 말이나 그것에 기초하여 새로 만들어진 말
❺ 어느 한 지방에서만 쓰는, 표준어가 아닌 말
❻ 여행을 하며 보고, 듣고, 느끼고, 겪은 것을 적은 글
❼ 영화, 연극, 문학 작품에서 벌어지는 사건의 한 모습
❽ 사건이 일어나는 시간 또는 장소
❾ 이야기를 전개하기 위해 벌어지는 일
❿ 어떤 일이나 대상에 대하여 가지는 생각
⓫ 어떤 일이나 판단, 주장 따위가 나오게 된 바탕이나 까닭
⓬ 동작이나 상태의 주체가 되는 말

① 'ㄱ, ㄴ, ㄷ'처럼 발음 기관에 의해 구강 통로가 좁아지거나 막혀 장애를 받으며 나는 소리
② 대화나 연구 따위에서 중심이 되는 문제 초성 ㅈㅈ
③ 어떤 사물이나 상태를 변화시키거나 일으키게 하는 근본이 된 일이나 사건 초성 ㅇㅇ
④ 어떤 일을 이루기 위하여 취하는 수단이나 방식 초성 ㅂㅂ
⑤ 따로따로인 한 말 한 말
⑥ 글이나 문단에서 중심 생각이 담겨 있는 문장
⑦ 비스듬히 기울어짐. 또는 그런 상태나 정도 초성 ㄱㅅ
⑧ 외국에서 들어와 우리말처럼 쓰는 말

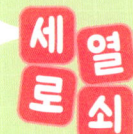

게임을 시작하자!

009

서술어
주어의 움직임, 상태, 성질 정도를 서술하는 말이에요.

관련 나는 늦잠을 **잤다.**
　　　　　　　　서술어

목적어
동작의 대상이 되는 말이에요.

관련 나는 **늦잠을** 잤다.
　　　　　　목적어

010

추론

어떠한 판단을 근거로 삼아 다른 판단을 이끌어 낸다는 말이에요.

관련 비슷한 말로 '가늠하다, 짐작하다'가 있어.

다의어

두 가지 이상의 뜻을 가진 단어로, 다의어는 뜻끼리 서로 의미가 통하거나 연결되어 있어요.

예 다리 ① 사람이나 짐승의 다리
② 물건의 하체 부분

011

동형어

소리는 같으나 뜻이 다른 단어로, 동형어는 서로 뜻이 통하거나 연결되어 있지 않아요. 동음이의어라고도 불러요.

예) 말 : 사람의 생각이나 느낌을 전달하는 소리
    말 : 말과의 포유류

위기

위험한 고비나 시기로, 극 중에서 주인공에게 닥친 시련이나 어려움을 말해요.

예) 바다거북은 멸종 위기 동물이다.

절정

극이나 소설에서 갈등이 최고조에 이르는 단계를 말해요. 흥분, 긴장 따위가 가장 높은 상태로 클라이맥스라고도 해요.

예) 절정 단계에서 독자는 조마조마한 마음으로 집중하게 된다.

결말

어떤 일이 마무리되는 끝으로, 인물 사이의 갈등이 해결되고 사건이 마무리되는 단계예요.

예) 뜻밖의 결말에 우린 환호하기도 하고 실망하기도 해.

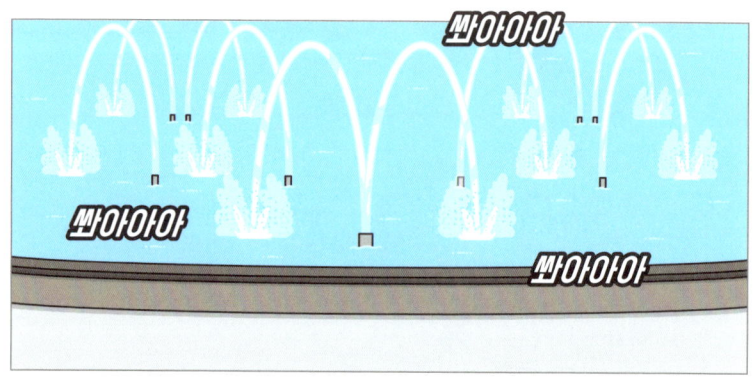

직유법

비슷한 성질이나 모양을 가진 두 사물을 직접 비유하는 방법이에요. '같이, 처럼, 듯이'를 넣어 표현해요.

예) 사과 같은 내 얼굴.
꽃처럼 예쁜 우리 엄마.

논설문

어떤 주제에 관하여 자기의 생각이나 주장을 체계적으로 밝혀 쓴 글을 말해요. 읽는 사람을 설득하는 것이 목적이에요.

예) 논설문을 쓸 때는 쉬운 문장으로 간결하게 주장을 펼쳐야 한다.

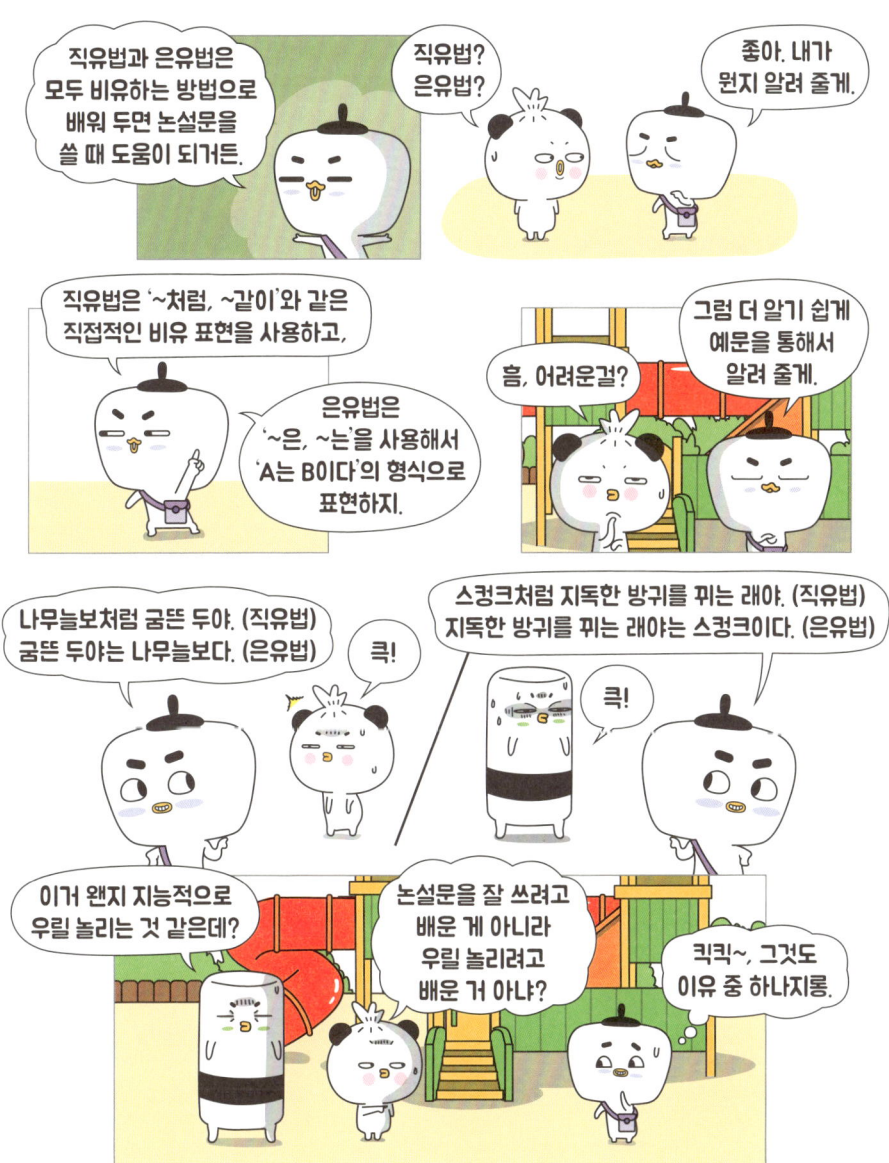

014

토론

어떤 문제에 대하여 여러 사람이 각각 의견을 말하며 논의한다는 말이에요. 찬성과 반대로 나누어 의견을 말하게 돼요.

예) 이번 토론 주제는 '마니또 게임을 할까, 말까?'야.

간추리다

글 따위에서 중요한 점만을 골라 간략하게 정리한다는 말이에요. 메모라면 꼭 전달해야 할 부분만 적으면 되지요.

예) 학습 일기에는 수업 시간에 배운 내용을 간추려 적는다.

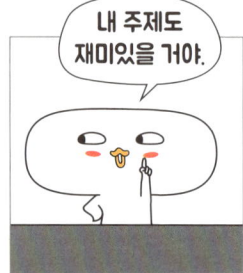

고려하다

생각하여 헤아려 본다는 말이에요.

예) 바깥 활동을 할 때는 날씨를 고려해 일정을 잡아야 한다.

독백

혼자서 중얼거린다는 말이에요. 또는 배우가 상대역 없이 혼자 말하는 행위를 말해요.

예) 소녀는 거울을 보며 조용히 독백을 했어.

가로세로 숨은 낱말 퍼즐

가로 열쇠

❶ 극이나 소설에서 갈등이 최고조에 이르는 단계
❷ 글 따위에서 중요한 점만을 골라 간략하게 정리하다.
❸ 두 가지 이상의 뜻을 가진 단어
❹ 비슷한 성질이나 모양을 가진 두 사물을 직접 비유하는 방법
❺ 소리는 같으나 뜻이 다른 단어
❻ 어떠한 판단을 근거로 삼아 다른 판단을 이끌어 낸다는 말
❼ 어떤 문제에 대하여 여러 사람이 각각 의견을 말하며 논의하다.
❽ 위험한 고비나 시기
❾ 주어의 움직임, 상태, 성질 정도를 서술하는 말

세로 열쇠

① 동작의 대상이 되는 말
② 생각하여 헤아려 본다는 말
③ 어떤 일이 마무리되는 끝
④ 어떤 주제에 관하여 자기의 생각이나 주장을 체계적으로 밝혀 쓴 글
⑤ 혼자서 중얼거리거나 또는 배우가 상대역 없이 혼자 말하는 행위

토	론	점	직	유	법	설	고	호
의	단	논	설	사	여	득	려	응
사	락	설	적	추	론	주	하	목
독	서	문	인	결	과	장	다	적
백	일	장	간	추	리	다	마	어
다	의	어	육	하	원	칙	침	디
은	유	법	결	정	위	기	표	서
문	장	칙	말	의	문	문	절	정
서	술	어	문	동	형	어	누	가

화합

화목하게 잘 어울린다는 말이에요.

예) 우리 반은 화합이 잘 되어 분위기가 좋아.

자주

남의 보호나 간섭을 받지 아니하고 자기 일을 스스로 처리한다는 말이에요. 자기 주장대로 한다는 뜻도 있어요.

예) 해야 할 일을 스스로 찾아서 하는 난 자주적이야.

끈기

쉽게 단념하지 아니하고 끈질기게 견디어 나가는 기운을 말해요.

예) 끈기 있게 매일 운동장을 뛰는 연습을 하여 마침내 마라톤에서 완주했어.

공중도덕

공중의 행복과 이익을 위하여 여러 사람이 지켜야 할 도덕을 말해요. 공중도덕은 자율적이고, 법은 강제적이에요.

예) 버스를 탈 때 줄을 서는 것도 공중도덕을 잘 지키는 일이야.

018

배려

도와주거나 보살펴 주려고 마음을 쓴다는 말이에요. 배려는 마음에서 저절로 우러나와야 행동으로 옮길 수 있어요.

예) 배려는 대중교통을 이용할 때 노약자석을 비워 두는 마음이야.

상징

추상적인 개념이나 사물을 구체적인 사물로 나타낸다는 말이에요.

예) 비둘기-평화, 국가-나라
열쇠-해결책, 흰색 깃발-항복

아~, 정말 즐거웠어.
어때? 한국을 둘러본 소감이?

세계 곳곳을 다녀 봤지만 볼거리, 먹을거리, 즐길 거리가 모두 많은 나라는 흔치 않거든.

그런데 한국은 그 모든 게 많았던 나라였어.

너무 고마워! 얘들아~.

후훗~.

너희 배려 덕분에 한국의 많은 것들을 체험할 수 있었어.

방긋

019

경건하다
몸가짐이나 언행을 조심하며 엄숙하다는 말이에요.

예) 서대문형무소역사관에 간 우리는 독립운동가들의 희생에 저절로 경건한 마음이 들었다.

인내심
괴로움이나 어려움을 참고 견디는 마음을 말해요.

예) 인내심을 기르면 실패해도 포기하지 않고 다시 도전할 수 있어.

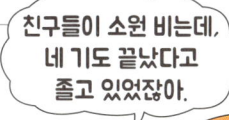

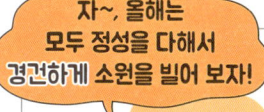

020

절제

정도에 넘지 아니하도록 알맞게 조절하여 제한한다는 말이에요.

예) 절제를 통해 욕심을 줄이고 나누는 기쁨을 배울 수 있어.

준법

법률이나 규칙에 따라 잘 지키는 것을 말해요.

예) 시민 모두가 준법과 질서를 잘 지키면 안전하고 평화로운 사회가 만들어진다.

021

상부상조

서로서로 돕는다는 말이에요. 전통 사회에서 중요한 가치 중 하나였어요.

예) 과거에는 두레나 품앗이를 통해 상부상조하는 풍습이 있었어.

안보

'안전 보장'을 줄여서 이르는 말이에요. 국가는 외부로부터 공격, 침략에 대비하여 자국의 안전을 유지, 확보해야 하지요.

예) 어느 나라나 자국의 안보를 최우선으로 중요하게 생각한다.

022

명예

세상에서 훌륭하다고 인정되는 이름이나 자랑 또는 그런 존엄이나 품위를 말해요.

예) 전국태권도대회에서 우승하여 나는 나와 학교의 명예를 높였다.

녹색 성장

친환경적인 자원과 기술을 이용해 환경 파괴를 줄이며 경제 성장을 이루는 것을 말해요.

예) 에너지 절약, 쓰레기 줄이기 등은 어린이가 실천할 수 있는 녹색 성장 활동이야.

023

 존중

높이어 매우 귀하고 중하게 대한다는 말이에요.

㉠ 친구의 말을 끝까지 들어 주는 것도 존중이라 할 수 있어.

 권리

어떤 일을 행하거나 타인에 대하여 당연히 요구할 수 있는 힘이나 자격 등을 말해요.

㉠ 권리를 지키려면 나에게 주어진 의무도 지켜야 한다.

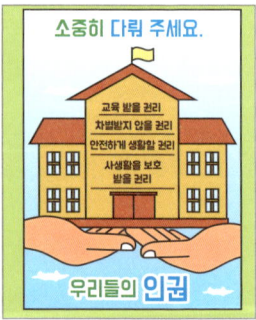

024

갈등

개인이나 집단 사이에 목표나 이해관계가 달라 서로 적대시하거나 충돌하는 상태를 말해요.

(예) 서로 하고 싶은 게임이 달라 형과 나는 갈등이 생겼어.

편견

공정하지 못하고 한쪽으로 치우친 생각을 말해요.

(예) 장애인에 대한 편견, 외국인에 대한 편견은 옳지 않다.

025

관용

남의 잘못 따위를 너그럽게 받아들이거나 용서한다는 말이에요.

㉮ 나를 욕하고 다닌 친구의 반성하는 모습에 관용을 베풀었다.

인권

인간으로서 당연히 가지는 기본적인 권리를 말해요. 먹고, 자고, 쉬고, 학대받지 않는 등의 권리를 말해요.

㉮ 인권을 지키는 사회는 행복하고 평등하다.

가로세로 낱말 퍼즐

가로 열쇠

❶ 공중의 행복과 이익을 위하여 여러 사람이 지켜야 할 도덕
❷ 서로서로 돕다.
❸ 공정하지 못하고 한쪽으로 치우친 생각
❹ 화목하게 잘 어울리다.
❺ 법률이나 규칙에 따라 잘 지키는 것
❻ 괴로움이나 어려움을 참고 견디는 마음
❼ 기술이 뛰어나 이름난 장인 초성 ㅁㅈ
❽ 선입견에 얽매여 좋지 아니하게 보는 태도를 비유적으로 이르는 말
  초성 ㅅㅇㄱ

세로 열쇠

① 높이어 매우 귀하고 중하게 대하다.
② 추상적인 개념이나 사물을 구체적인 사물로 나타내다.
③ 정상적인 절차를 따르지 않은 간편하고 손쉬운 방법 초성 ㅍㅂ
④ 남의 잘못 따위를 너그럽게 받아들이거나 용서하다.
⑤ 도와주거나 보살펴 주려는 마음
⑥ 친환경적인 자원과 기술을 이용해 환경 파괴를 줄이며 경제 성장을 이루는 것
⑦ 몸가짐이나 언행을 조심하며 엄숙하다.
⑧ 남의 보호나 간섭을 받지 아니하고 자기 일을 스스로 처리하다.
⑨ 인간으로서 당연히 가지는 기본적인 권리
⑩ 어떤 일을 행하거나 타인에 대하여 당연히 요구할 수 있는 힘이나 자격
⑪ 세상에서 훌륭하다고 인정되는 이름이나 자랑

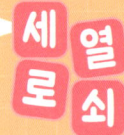

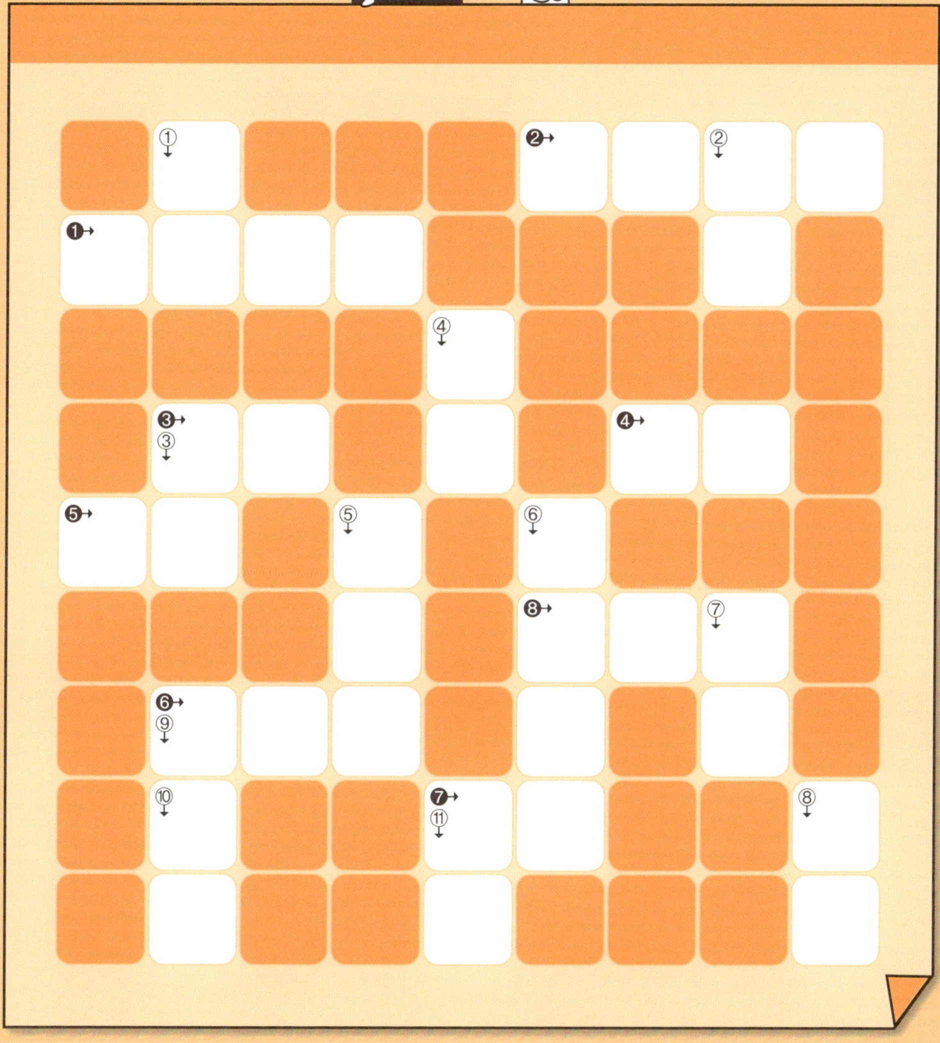

존엄

인물이나 지위 따위가 감히 범할 수 없을 정도로 높고 엄숙하다는 말이에요.

 나와 다른 생각을 가진 사람도 존엄한 존재이다.

자기 존중감

자신을 가치 있게 여기는 태도나 생각을 말해요. 자기 존중감이 높으면 자신을 사랑하고 신뢰하게 되지요.

 자기 존중감이 높으면 흔들리지 않고 줏대 있게 행동할 수 있어.

027

주체
어떤 단체나 물건의 주가 되는 부분을 말해요.

예) 우리 집의 주체는 특정한 한 사람이 아니라 가족 구성원 모두야.

협동
서로 마음과 힘을 하나로 합한다는 말이에요.

예) 모둠 활동은 친구들이 서로 협동해야 잘 수행할 수 있다.

028

저작권
저작자, 즉 만든 사람이 갖는 권리를 말해요. 문학, 예술, 학술에 속하는 창작물에 대한 독점적 권리예요.

예) 저작권을 보호하지 않는다면 케이팝은 더 이상 발전할 수 없다.

미덕
아름답고 갸륵한 어질고 너그러운 행동을 말해요.

예) 유기견보호소에서 봉사하는 사람들의 행동을 미덕이라고 하지.

029

성찰

자기의 마음을 반성하고 살핀다는 말이에요. 스스로를 돌아볼 때는 객관적으로 바라보려 노력해야 하지요.

예) 실수했을 때 성찰하고 바르게 고치는 태도는 나를 성장하게 한다.

근검절약

부지런하고 알뜰하게 물건을 아낀다는 말이에요. 여러 번 생각하여 꼭 필요한 것만 사는 것도 근검절약이에요.

예) 무조건 쓰지 않으려는 구두쇠와 아껴 쓰는 근검절약은 전혀 달라.

공익

공동의 이익을 말해요. 즉 사회 전체의 이익과 같아요.

예) 공익을 위한 작은 실천이 큰 변화를 만든다.

공감

남의 감정, 의견, 주장 따위에 대하여 자기도 그렇다고 느낀다는 말이에요.

예) 친구와 싸우고 속상해하는 친구에게 공감해 주니 펑펑 울었어.

후후~, 한국은 노을도 예쁘구나.

아름답지? 여기 머무는 동안 실컷 보고 가.

도두크는 언제까지 한국에 있을 계획이야?

조만간 가야지! 세계 질서를 유지하기 위해서 말이야.

찌릿

…

뭐야? 그 의심의 눈빛은?

전 세계의 보물을 훔치기 위해서는 아니겠지?

031

여가 활동

즐거움을 얻으려고 남는 시간에 하는 자유로운 활동을 말해요.

예 배우고 싶었던 것을 찾아 여가 활동을 해 봐.

중재

다툼이 있을 때 끼어들어 서로를 화해시킨다는 말이에요.

예 의견 충돌로 말싸움이 나자 학급 회장이 중재에 나섰다.

032

타협

어떤 일을 서로 양보하여 협의한다는 말이에요. 의견이 일치하지 않았을 때 서로에게 좋은 쪽으로 협의하지요.

예) 타협이 어려울 때는 다수결의 원칙으로 문제를 해결한다.

선입견

어떤 대상에 대하여 이미 마음속에 가지고 있는 고정적인 생각이나 관점을 말해요.

예) 한국 사람은 김치를 모두 잘 먹을 거라는 생각도 선입견이야.

가치관

가치에 대한 관점을 말해요. 인간이 자기 자신을 포함한 세계 또는 생각에 대해 갖는 태도예요.

예) 올바른 가치관은 어릴 때부터 만들어진다.

욕구

무엇을 얻거나 무슨 일을 하고자 바라는 일을 말해요. 욕구는 생존과 행복을 위해 꼭 필요한 것이에요.

예) 욕구는 자연스럽고 필요한 것이지만, 욕심은 필요한 것 이상으로 더 가지려는 마음이야.

034

인류애

인류 전체에 대한 사랑으로, 국적과 문화를 뛰어넘어 사람을 존중하고 사랑하는 마음을 말해요.

예) 굶주린 사람에게 내 빵을 나누어 줄 수 있는 마음이 인류애야.

비폭력

폭력을 사용하지 않는다는 말이에요. 폭력은 신체적 폭력 외에도 말이나 정신적으로 상처를 주는 폭력들도 있어요.

예) 갈등 해결을 위해 비폭력 대화를 사용해 이야기를 나눠 봐.

표결

회의에서 어떤 안건에 대하여 찬반 의사를 표시하여 결정한다는 말이에요.

예) 표결을 통해 체험 학습 장소가 바다가 있는 부산으로 정해졌어.

공정

공평하고 올바르다는 말이에요. 공정하다는 것은 어느 한쪽에 치우치지 않고 고르고 객관적이지요.

예) 운동 경기에서 심판은 공정하게 승부를 판정해야 한다.

가로세로 숨은 낱말 퍼즐

가로 열쇠

❶ 가치에 대한 관점
❷ 공동의 이익
❸ 무엇을 얻거나 무슨 일을 하고자 바라는 일
❹ 서로 마음과 힘을 하나로 합하다.
❺ 어떤 대상에 대하여 이미 마음속에 가지고 있는 고정적인 생각이나 관점
❻ 인류 전체에 대한 사랑
❼ 인물이나 지위 따위가 감히 범할 수 없을 정도로 높고 엄숙하다.
❽ 자기의 마음을 반성하고 살피다.
❾ 자신을 가치 있게 여기는 태도나 생각
❿ 회의에서 어떤 안건에 대하여 찬반 의사를 표시하여 결정하다.

① 공평하고 올바르다.
② 남의 감정, 의견, 주장 따위에 대하여 자기도 그렇다고 느끼다.
③ 다툼이 있을 때 끼어들어 서로를 화해시키다.
④ 부지런하고 알뜰하게 물건을 아끼다.
⑤ 아름답고 갸륵한 어질고 너그러운 행동
⑥ 어떤 단체나 물건의 주가 되는 부분
⑦ 어떤 일을 서로 양보하여 협의하다.

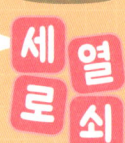

세로 열쇠

숨은 낱말을 찾아 동그라미로 표시해 봐!!

존	엄	사	욕	구	갈	저	사	주
재	안	미	심	비	등	작	명	체
준	공	덕	공	경	폭	권	감	사
법	정	직	성	찰	가	치	관	근
공	익	사	업	서	여	유	삶	검
감	투	선	입	견	가	철	학	절
력	표	결	끈	기	활	양	타	약
자	기	존	중	감	동	심	협	동
책	임	감	재	사	가	인	류	애

036

교류

문화나 사상 따위가 서로 통한다는 말이에요. 지역 간에 필요한 것을 주고받는 것도 포함돼요.

예) 케이팝을 통해 전 세계 사람들이 우리나라와 교류한다.

촌락

농어촌, 산지촌 등에서 여러 집이 모여 사는 곳을 말해요. 마을이라고도 불러요.

예) 도시와 촌락은 식량과 생활필수품을 주고받아 필요한 것을 얻지.

수출

국내의 상품이나 기술을 외국으로 팔아 내보낸다는 말이에요. 반대말은 수입이에요.

예) 우리나라의 인삼을 미국에 수출한다.

생산

인간이 생활하는 데 필요한 각종 물건을 만들어 낸다는 말이에요. 운반, 판매도 생산에 포함돼요.

예) 요리사가 손님을 위해 음식을 만드는 것도 생산 활동이야.

지형

땅의 생긴 모양이나 생김새를 말해요. 산, 강, 바다, 평지와 같은 여러 가지 지형이 있어요.

예) 지형에 따라 사람들이 사는 모습과 생활 방식이 달라지지.

무역

지방과 지방 사이에 또는 나라와 나라 사이에 서로 물품을 사고파는 일을 말해요.

예) 배가 오가며 물건을 나르고 받기 좋은 항구에서는 무역이 활발하다.

039

고분

고대에 만들어진 무덤을 말해요. 주인을 정확히 알 때는 '릉'이나 '묘'라 부르고, 모를 때는 '총'이라 불러요.

예 고분에서 발굴된 유물들을 통해 당시 사람들의 생활과 문화를 알 수 있어.

방위표

방위를 나타내는 표를 말해요. 동서남북의 방향을 4자 모양으로 표시해 한눈에 방향을 알 수 있어요.

집필 동서남북을 표시한 4방위표와 북동, 북서, 남동, 남서를 함께 표시한 8방위표가 있어.

권문세족

벼슬이 높고 권세가 있는 집안을 말해요. 고려 후기 대표적인 정치 세력의 하나예요.

예) 권문세족은 고려 시대 왕권을 위협할 정도로 강력했다.

주권

자기 나라의 주인이 되는 권리를 말해요. 나라나 국가가 스스로의 일을 결정하고 지배할 수 있는 권리예요.

예) 우리나라는 일제강점기 때 주권을 잃고 일본의 지배를 받았어.

041

환태평양

태평양 주위를 둘러싸고 있는 지역을 말해요. 우리나라도 이 지역에 위치하고 있어요.

예) 지진과 화산 활동이 자주 일어나는 환태평양 지역을 불의 고리라 불러.

영토

국가의 통치권이 미치는 구역으로, 흔히 토지로 이루어진 국가의 영역을 이르나 영해(바다)와 영공(하늘)을 포함하기도 해요.

예) 영토는 국경을 기준으로 구분해.

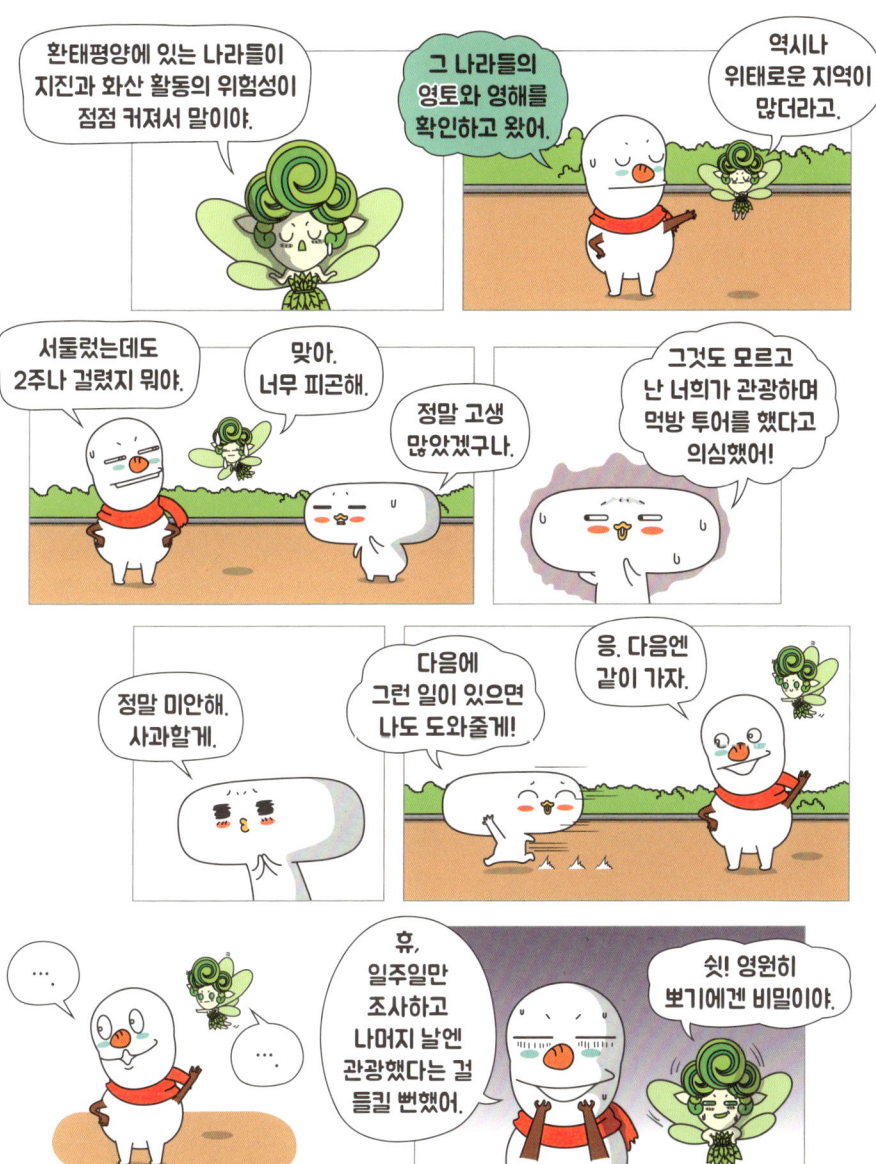

042

상호 의존성

다른 사람이나 나라가 서로 의지하며 영향을 주고받는 관계를 말해요. 서로 의존하며 필요로 하고, 영향을 주지요.

예 인간관계에서 누구나 상호 의존성을 가지며 영향을 주고받는다.

봉기

벌떼처럼 떼 지어 세차게 일어난다는 말이에요. 부당한 대우를 받았을 때 힘을 합쳐 목소리를 내고 변화를 요구해요.

예 '망이·망소이의 난'은 가혹한 수탈 정책으로 일어난 농민 봉기야.

043

함락

적의 성, 요새, 진지 따위를 공격하여 무너뜨린다는 말이에요. 더 이상 방어하지 못해 적이 그 지역을 차지하게 되지요.

예) 병자호란 때 청나라에 인조가 있는 남한산성이 함락되었다.

고장

사람이 많이 사는 지방이나 지역 또는 어떤 물건이 특히 많이 나는 곳을 말해요. 고장마다 자연환경, 인문 환경이 달라요.

예) 강화도는 인삼의 고장이고, 제주도는 귤의 고장이야.

044

통신

멀리 떨어져 있는 사람에게 장치를 이용해 소식을 전달하는 것으로 우편, 전신, 전화를 이용해요. 정보 통신이라고도 해요.

예) 자연재해로 이틀째 통신과 생필품 보급이 끊겼다.

면담

서로 만나서 얼굴을 마주하고 이야기한다는 말이에요. 면담을 통해 서로 간의 소통과 이해를 증진시켜요.

예) 새 학년이 시작되면 하게 되는 선생님과의 첫 면담은 항상 떨려.

045

친선 관계

개인, 그룹, 국가 간에 우호적이고 협력적인 관계를 말해요. 서로의 문화, 가치관, 이익을 이해하고 존중해야 하지요.

㉠ 우리 학교와 농촌 학교는 친선 관계를 맺고 꾸준히 교류하고 있어.

의식주

옷과 음식과 집을 통틀어 이르는 말로, 사람이 살아가는 데 꼭 필요한 인간 생활의 세 가지 기본 요소를 말해요.

㉠ 나에게 의식주 중 가장 중요한 것은 '식'이다. 생각만으로도 웃음이 절로 난다.

가로세로 낱말 퍼즐

가로 열쇠

❶ 인간이 생활하는 데 필요한 각종 물건을 만들어 내다.
❷ 나라와 나라 사이에 서로 물품을 사고파는 일
❸ 국가의 통치권이 미치는 구역으로, 흔히 토지로 이루어진 국가의 영역
❹ 사람이 많이 사는 지역 또는 어떤 물건이 특히 많이 나는 곳
❺ 지역 간에 필요한 것을 주고받는 것
❻ 다른 사람이나 나라가 서로 의지하며 영향을 주고받는 관계
❼ 적의 성, 요새, 진지 따위를 공격하여 무너뜨리다.
❽ 자기 나라의 주인이 되는 권리
❾ 바닥이 편편한 땅 초성 ㅍㅈ
❿ 땅의 생긴 모양이나 생김새
⓫ 국내의 상품이나 기술을 외국으로 팔아 내보내다.
⓬ 방위를 나타내는 표

① 안개가 걷히듯 흐지부지 취소되다. 초성 ㅁㅅ
② 국가의 통치권이 미치는 구역으로, 흔히 바다로 이루어진 국가의 영역 초성 ㅇㅎ
③ 고대에 만들어진 무덤
④ 종류에 따라서 가름하다. 초성 ㅂㄹ
⑤ 옷과 음식과 집을 통틀어 이르는 말
⑥ 농어촌, 산지촌 등에서 여러 집이 모여 사는 곳
⑦ 태평양 주위를 둘러싸고 있는 지역
⑧ 벼슬이 높고 권세가 있는 집안
⑨ 다른 나라로부터 상품이나 기술 따위를 국내로 사들이다. 초성 ㅅㅇ

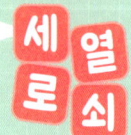

세로 열쇠

혼례

부부 관계를 맺는 서약을 하는 의식을 말해요. 결혼식과 같은 말이에요.

예 요즘 전통 혼례로 특별한 결혼식을 하는 사람들이 많아지고 있다.

혼잡

여럿이 한꺼번에 뒤섞여서 어수선한 상태를 말해요. 비슷한 말로 혼란이 있어요.

예 점심시간이 되면 급식실이 학생들로 혼잡해 배려와 양보가 필요해.

047

정부

삼권 분립에 의하여, 행정을 맡아보는 국가 기관을 말해요. 삼권은 입법, 사법, 행정의 통치 기구가 있어요.

예) 정부는 국민의 행복과 안전을 위해 다양한 역할을 하고 있다.

공공기관

국가의 감독을 받으며 공적인 업무를 수행하는 기관을 말해요. 시청이나 도청과 같은 기관들이에요.

예) 공공 기관의 역할은 우리 생활을 편리하고 안전하게 만드는 것이야.

교통공원?

여기가 어린이 교통공원이야.

어린이들이 재미있게 교통 법규를 배울 수 있는 곳이지.

여기서는 실제 교통 상황처럼 체험하고 교통 법규와 안전한 보행이 뭔지 배우는 곳이야.

이런 곳이 있었구나.

정부의 지원으로 교통안전 교육을 제공하는 공공 기관이라고.

희소성

인간의 물질적 욕구에 비하여 그 충족 수단이 질적·양적으로 제한되어 있거나 부족한 상태를 말해요.

예) 내가 좋아하는 캐릭터 인형은 한정 수량으로 제작되어 희소성이 있어.

곶

바다 쪽으로, 부리 모양으로 뾰족하게 뻗은 땅을 말해요. 바다로 둘러싸인 반도는 넓은 땅이고, 곶은 좁은 땅이에요.

예) 포항에 있는 호미곶에 가면 손 모양의 조형물이 있어 특별한 일출을 볼 수 있다.

049

항만

바닷가가 굽어 들어가서 선박이 안전하게 머물 수 있고, 화물 및 사람이 배로부터 육지에 오르내리기에 편리한 곳을 말해요.

예) 항구는 넓은 범위의 정박 공간을, 항만은 좀 더 복합적이고 산업적인 기능을 가졌어.

홍보

소식이나 정보를 널리 알린다는 말이에요. 제품이나 서비스, 이벤트 등을 알려 관심과 참여를 이끌어 내요.

예) 우리 반에서 열리는 알뜰시장을 포스터에 담아 다른 반 친구들에게 홍보했어.

050

매체

어떤 작용을 한쪽에서 다른 쪽으로 전달하는 물체 또는 그런 수단을 말해요. 신문 매체, 언론 매체와 같이 사용해요.

(예) 선거철이 되면 각종 언론 매체에서 특집 기획물을 준비한다.

중앙 집권 국가

모든 권력이 왕에게 집중되어 왕을 중심으로 나라를 통치하는 국가를 말해요. 이 나라는 왕권이 강력해요.

(예) 삼국 시대 백제와 신라는 중앙 집권 국가로 발전하여 나라의 힘을 키웠어.

051

신분

개인의 사회적 위치나 계급을 말해요. 지금은 계급이나 신분이 사라진 평등한 사회가 되었어요.

예) 조선 시대에는 양반, 중인, 상민, 노비로 신분이 나누어져 있었다.

사대부

고려와 조선 시대에 존재했던 지배 계층으로 벼슬이나 문벌이 높은 집안의 사람을 말해요.

예) 고려 말기와 조선 시대에 걸쳐 사대부들은 나라의 중심 역할을 했어.

052

인문 환경

인간 활동의 결과로 만들어진 환경으로 도로, 집, 건물 등을 말해요. 반대말은 '자연 환경'이에요.

㉠ 배가 드나드는 항구, 비행기를 타고 내리는 비행장은 인문 환경이다.

노비

신분 제도 중 최하층을 말해요. '노'는 남자종을, '비'는 여자종을 부르는 말이에요. 노비 신분은 세습되기도 했어요.

㉠ 노비는 주인에게 속해 자유를 잃고 인간다운 대접을 받지 못했어.

053

견제

일정한 작용을 가함으로써 상대편이 지나치게 세력을 펴거나 자유롭게 행동하지 못하게 억누른다는 말이에요.

예) 손흥민은 이강인의 슛을 견제하였다.

배타적

남을 밀어내고 멀리하는 것을 말해요. '우리끼리만'이란 생각을 가지고 있어요.

예) 때때로 나를 보호하기 위해 다른 사람에게 배타적으로 행동할 때가 있다.

054

의병

외적의 침입을 물리치기 위하여 백성들이 자발적으로 조직한 군대 또는 그 군대의 병사를 말해요.

예) 외적의 침입으로 나라가 어지러워지자 의병이 되기로 결심했다.

등고선

지도에서 땅의 높이가 같은 곳을 이은 곡선으로 평면도에 땅의 높고 낮음을 표시하는 가장 좋은 방법이에요.

예) 등고선이 촘촘하면 경사가 급하고, 넓게 퍼지면 완만해.

055

대륙, 대양

대륙은 지구 표면에 있는 크고 연속적인 육지 덩어리를 말하고, 대양은 지구 표면을 덮고 있는 거대한 바다를 말해요.

예) 세계는 남극 대륙을 포함해 5대양 7대륙으로 이루어져 있어.

세시풍속

계절의 변화에 따라 한 해의 흐름에 맞춰 반복적으로 지켜온 다양한 전통 행사와 풍습을 말해요.

예) 우리나라 세시풍속은 24절기와 4대 명절인 설, 한식, 단오, 추석이 있다.

문화유산

다음 세대에 계승·상속할 만한 가치를 지닌 과학, 기술, 관습, 규범 따위의 문화적 소산으로 유형·무형 문화유산이 있어요.

예) 문화유산은 우리의 역사와 문화를 이해하는 데 큰 도움을 준다.

세계화

세계 여러 나라를 이해하고 받아들인다는 말이에요. 우리나라는 케이팝을 통해 전 세계와 다양한 교류를 하고 있어요.

예) 세계화는 문화적 다양성이 증대되는 반면, 전통문화 소멸이라는 우려도 있어.

얘들아~, 여기 있었구나.

너희들 아직 안 갔어?

오랜만이군, 맞춤법 행성 친구들~.

근데 너희들 모여서 뭐 하는 중이었어?

잔자라가 지구에 왔대서 일정을 조금 늦췄지.

아, 얼마 전에 잔자라랑 민속촌 체험을 했거든.

그 후, 잔자라가 한국의 다른 역사도 궁금하다고 해서 문화유산을 보러 가려고.

가로세로 숨은 낱말 퍼즐

가로 열쇠

❶ 개인의 사회적 위치나 계급
❷ 다음 세대에 계승·상속할 만한 가치를 지닌 과학, 기술, 관습, 규범 따위의 문화적 소산
❸ 바다 쪽으로, 부리 모양으로 뾰족하게 뻗은 땅
❹ 삼권 분립에 의하여, 행정을 맡아보는 국가 기관
❺ 세계 여러 나라를 이해하고 받아들인다.
❻ 어떤 작용을 한쪽에서 다른 쪽으로 전달하는 물체 또는 그런 수단
❼ 여럿이 한꺼번에 뒤섞여서 어수선한 상태
❽ 인간의 물질적 욕구에 비하여 그 충족 수단이 질적·양적으로 제한되어 있거나 부족한 상태
❾ 지구 표면에 있는 크고 연속적인 육지 덩어리
❿ 지도에서 땅의 높이가 같은 곳을 이은 곡선

세로 열쇠

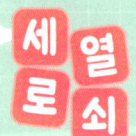

① 고려와 조선 시대에 존재했던 지배 계층으로 벼슬이나 문벌이 높은 집안의 사람
② 남을 밀어내고 멀리하는 것
③ 모든 권력이 왕에게 집중되어 왕을 중심으로 나라를 통치하는 국가
④ 부부 관계를 맺는 서약을 하는 의식
⑤ 외적의 침입을 물리치기 위하여 백성들이 자발적으로 조직한 군대
⑥ 인간 활동의 결과로 만들어진 환경으로 도로, 집, 건물 등
⑦ 일정한 작용을 가함으로써 상대편이 지나치게 세력을 펴거나 자유롭게 행동하지 못하게 억누르다.
⑧ 한 해의 흐름에 맞춰 반복적으로 지켜온 다양한 전통 행사와 풍습
⑨ 화물 및 사람이 배로부터 육지에 오르내리기에 편리한 곳

관	사	인	물	항	구	희	소	성
서	대	문	역	만	대	한	민	국
정	부	환	곶	감	문	화	유	산
반	도	경	중	매	체	제	도	의
대	륙	상	앙	갈	등	고	선	병
양	산	도	집	등	대	세	계	화
반	신	분	권	박	배	시	자	유
혼	잡	위	국	물	타	풍	본	견
례	화	기	가	관	적	속	가	제

057

어림하다

대강 짐작으로 헤아린다는 말이에요. 예를 들어, 한 뼘의 길이를 알고 책상의 전체 길이를 어림해 볼 수 있어요.

예) 연산, 길이, 거리 등의 가까운 값을 빠르게 구할 때 어림을 사용해.

수평, 수직

수평은 기울지 않고 평평한 상태를 말하고, 반대로 수직은 직선 또는 평면이 서로 만나 직각을 이루는 상태를 말해요.

관련) '직선'은 양쪽으로 끝이 없는 곧은 선을 말해.

058

변

다각형을 이루는 각 선분을 말해요. 삼각형은 변이 3개, 사각형은 변이 4개, 칠각형은 변이 7개로 이루어져요.

관련 '선분'은 두 점을 곧게 이은 선을 말해.

분류

종류에 따라서 가른다는 말이에요. 같은 성질을 가진 것끼리 분류 기준을 잡아 색깔, 모양, 용도별로 나눠요.

관련 '기준'은 기본이 되는 표준을 말해.

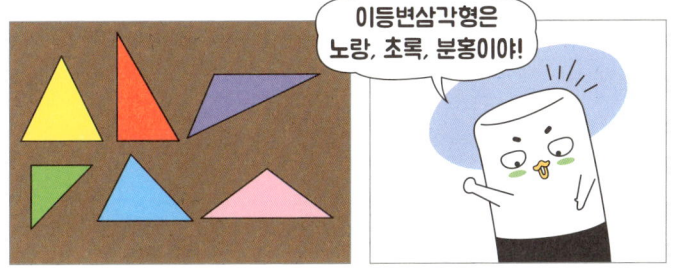

예각삼각형 :	
둔각삼각형 :	
직각삼각형 :	

측정

길이, 넓이, 부피, 들이, 무게, 시간, 온도 등의 양의 크기를 재는 것을 말해요.

관련 들이의 단위에는 ㎖(밀리리터), ℓ(리터)를 사용해.

사다리꼴

한 쌍의 대변이 평행한 사각형을 말해요. 평행사변형, 직사각형, 정사각형 모두 사다리꼴이에요.

관련 '대변'은 한 변이나 한 각과 마주 대하고 있는 변을 말해.

평행사변형

마주 보는 두 쌍의 대변이 각각 평행한 사각형을 말해요. 평행사변형은 사다리꼴이지만, 사다리꼴은 평행사변형이 아니에요.

관련 '평행'은 두 개의 직선이 나란히 있어 아무리 연장하여도 서로 만나지 않아.

둔각

직각보다 큰 각으로, 90도보다는 크고 180도보다 작은 각을 말해요.

관련 '둔각삼각형'은 세 개의 내각 가운데 한 각이 둔각인 삼각형이야.

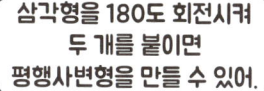

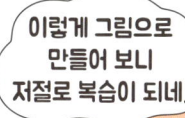

061

몫

나눗셈의 결과로 얻어지는 값을 말해요. 12를 3으로 나누면 몫은 4가 되지요.

관련 나눗셈의 검토식은
몫×나누는 수=나누어지는 수

분모

분수 또는 분수식에서, 가로줄 아래에 있는 수나 식을 말해요. 분모가 클수록 수는 작아져요.

관련 '분자'는 분수 또는 분수식에서, 가로줄 위에 있는 수나 식을 말해.

아~, 피곤해.

모네야, 어디 다녀와?

삼신할미 집에 다녀오는 길이야.

달걀귀신과 산도깨비가 수학을 배우고 싶다고 해서.

그래서 가르쳐 주고 왔어.

히히, 모네는 공부를 잘하니까 당연히 잘 알려 줬을 거야.

그렇지가 않아.

지금은 분모와 분자를 알려 주고 있는데, 이해시키기가 쉽지 않더라고.

062

소수점

소수와 정수를 구획하기 위해 소수 부분과 정수 부분 사이에 찍는 부호(.)를 말해요.

관련 '소수'는 일의 자리보다 작은 자리의 값을 가진 수로, 소수점 오른쪽이 소수야.

지름

원의 중심을 지나는 직선으로 원 안에서 그릴 수 있는 직선 중 가장 긴 직선을 말해요.

관련 '반지름'은 원의 중심에서 원둘레까지의 직선 거리로 지름의 반이 되지.

063

자연수

1부터 시작하여 하나씩 더하여 얻는 수를 말해요.

관련 1, 2, 3, 4, 5…

이등변삼각형

세 변 중 두 변의 길이가 같은 삼각형을 말해요. 이등변삼각형은 마주 보는 두 각의 크기가 같아요.

관련 세 변의 길이가 같은 정삼각형도 이등변삼각형이야.

064

수선

두 직선이 만나서 이루는 각이 직각일 때, 두 직선을 서로 수직이라고 하고, 이때 한 직선을 다른 직선에 대한 수선이라고 말해요.

관련 '직각'은 두 직선이 만나서 이루는 90도의 각을 말해.

마름모

네 변의 길이가 같고, 두 쌍의 마주 보는 변이 서로 평행한 사각형을 말해요.

관련 마름모는 두 대각선이 중점에서 서로 수직으로 만나게 돼.

도두크, 뭘 보고 있어?

금팔찌 사진이야.

짜~잔! 어때? 멋있지?

우아~, 이건 어느 나라 유물이야.

어느 나라라니? 이건 대한민국의 유물이잖아.

앗! 정말?

신라의 황남대총 북분 금팔찌라고. 보물 제623호로도 지정되어 있잖아.

065

반올림

근삿값을 구할 때 5 이상의 수를 받아올리는 방법을 말해요. 올림은 구하려는 자리 미만의 수를 올려서 나타내요.

관련 반대로 '버림'은 구하려는 자리 미만의 수를 버려서 나타내는 방법이야.

평균

주어진 수들의 합을 수의 개수로 나눈 값을 말해요. 국어 80점, 영어 90점을 더해 과목 수 2로 나누면 평균 85점이 나와요.

예 평균은 연평균 기온, 일일 평균 이용객의 수처럼 다양하게 이용되지.

가로세로 낱말 퍼즐

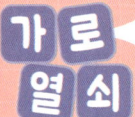

❶ 기울지 않고 평평한 상태
❷ 나눗셈의 결과로 얻어지는 값
❸ 종류에 따라서 가르다.
❹ 네 변의 길이가 같고, 두 쌍의 마주 보는 변이 서로 평행한 사각형
❺ 소수와 정수를 구획하기 위해 소수 부분과 정수 부분 사이에 찍는 부호
❻ 주어진 수들의 합을 수의 개수로 나눈 값
❼ 원의 중심에서 원둘레까지의 직선 거리. 지름의 반
❽ 한 쌍의 대변이 평행한 사각형
❾ 세 변 중 두 변의 길이가 같은 삼각형

① 1부터 시작하여 하나씩 더하여 얻는 수
② 분수 또는 분수식에서, 가로줄 아래에 있는 수나 식
③ 직선 또는 평면이 서로 만나 직각을 이루는 상태
④ 마주 보는 두 쌍의 대변이 각각 평행한 사각형
⑤ 근삿값을 구할 때 4 이하의 수는 버리고, 5 이상의 수는 받아올리는 방법
⑥ 직각보다 큰 각으로, 90도보다는 크고 180도보다 작은 각

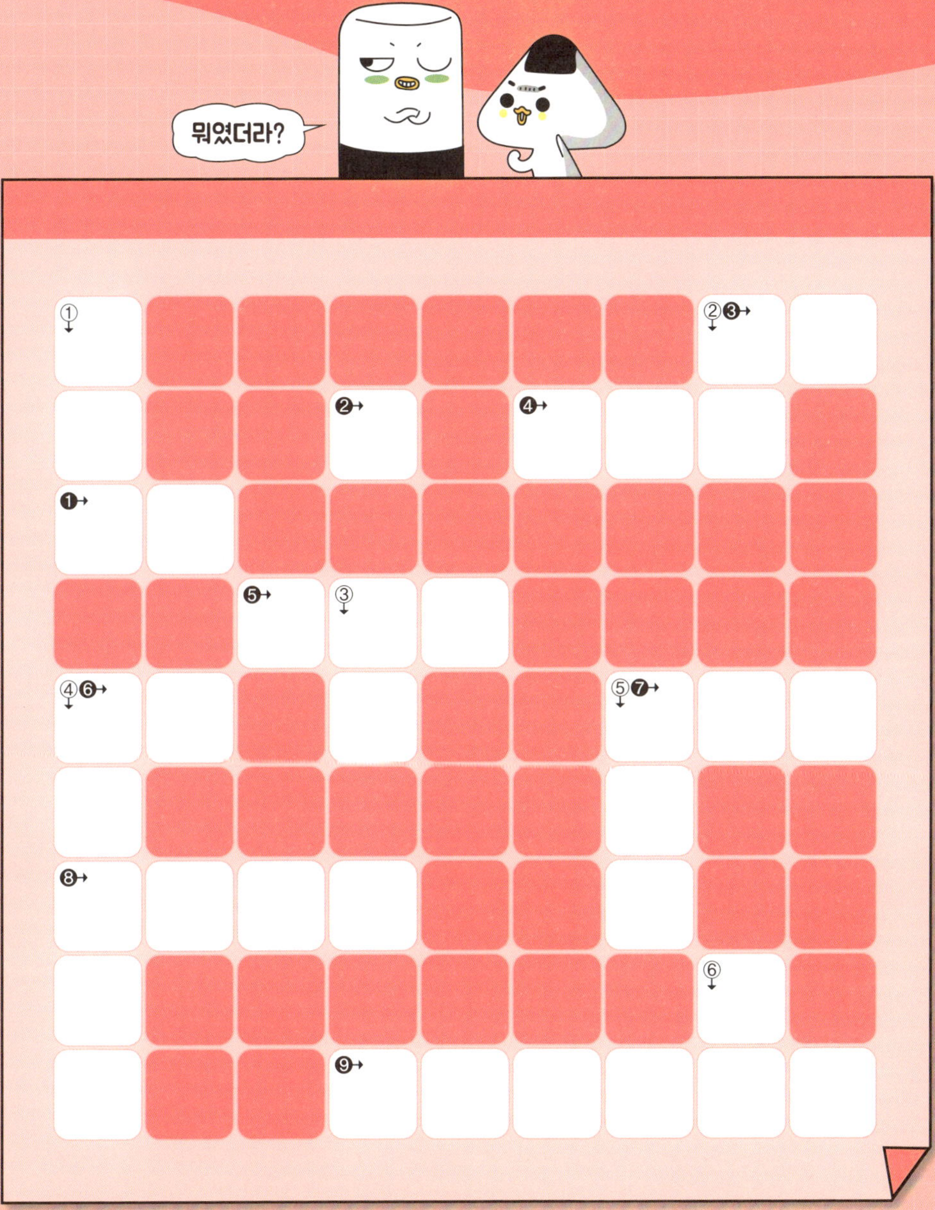

066

막대그래프

비교할 양이나 수치의 분포를 막대 모양의 도형으로 나타낸 그래프를 말해요. 수량의 많고 적음을 비교할 때 이용해요.

관련 '꺾은선그래프'는 자료의 변화를 한눈에 알아보기 쉽게 나타낸 그래프야.

무게

물건의 무거운 정도를 말해요. 무게는 지구의 중력 때문에 발생해요.

관련 무게의 단위는 g, kg, t 등을 사용해. 1t=1,000kg이거든.

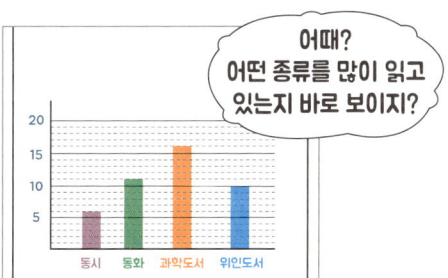

067

약수

어떤 수를 나누었을 때 나머지가 0이 되는 수를 말해요. 3은 6의 약수이고, 1은 모든 자연수의 약수예요.

관련 반대로 '배수'는 어떤 수의 몇 배가 되는 수를 말해.

최소공배수

두 수의 공통된 배수 중에서 가장 작은 수를 말해요. 두 수의 배수를 나열한 후 공통으로 들어 있는 가장 작은 수를 찾아요.

관련 반대로 '최대공약수'는 두 수의 공통된 약수 중에서 가장 큰 수를 말해.

휴~, 산 넘어 산이군.

분수를 간신히 가르쳤더니, 더 어려운 약수와 최소공배수, 최대공약수가 나왔잖아.

잠깐! 나 약수는 알고 있어! 이미 예습했거든.

정말? 못 믿겠는데? 그럼 12의 약수는 뭘까?

의심

12를 나누어 딱 떨어지는 수를 구하면 되니까, 답은 이거야!

12=1X12
12=2X6
12=3X4

따라서 12의 약수는
1, 2, 3, 4, 6, 12

068

전개도

입체도형을 한 평면 위에 펴 놓은 그림을 말해요. 펼친그림이라고도 불러요.

관련 '겨냥도'는 입체도형을 그대로 그리고 보이지 않는 부분은 점선으로 표시하면 돼.

약분

분수의 분모와 분자를 두 수의 공약수로 나누어 간단하게 하는 것을 말해요.

관련 '공약수'는 두 개 이상의 정수에 공통으로 있는 약수를 말해.

069

기약분수

분모와 분자 사이의 공약수가 1뿐이어서 더 이상 약분되지 않는 분수를 말해요.

관련 $\frac{1}{2}=\frac{2}{4}=\frac{3}{6}=\frac{4}{8}\cdots$ 를 기약분수로 나타내면 진분수의 크기를 빠르게 비교할 수 있어.

점대칭도형

도형을 한 점을 중심으로 180도 돌렸을 때, 처음 도형과 완전히 겹치는 도형을 말해요.

관련 '대칭'은 중심축(점)을 기준으로 좌우 또는 위아래가 똑같이 생겼다는 뜻이야.

070

합동

두 개의 도형이 크기와 모양이 같아 서로 포개었을 때에 완전히 겹쳐진다는 말이에요.

관련 합동인 도형에는 대응점, 대응변, 대응각이 있어.

둘레

도형의 테두리를 따라 한 바퀴 돌아간 길이를 말해요. 다각형은 변의 길이를 자로 재어 더하면 그 둘레를 구할 수 있어요.

관련 원의 둘레는 '원주'라 하고, 지름의 약 3배 정도의 길이이다.

드디어 꽃을 다 심었어!

휴~, 고생했어.

꽃을 심느라 하루가 다 갔네.

생각보다 오래 걸렸지?

어, 꽃밭의 둘레가 10m밖에 안 돼서 만만하게 봤는데 말이야.

맞아. 예상보다 꽃이 훨씬 많이 심겼어.

071

다각형

셋 이상의 선분으로 둘러싸인 평면도형을 말해요. 선분의 수에 따라 삼각형, 사각형, 오각형 등이 있어요.

관련 다각형 내각의 합은 삼각형 내각의 합(180도)을 이용해 구할 수 있어.

각기둥

두 개의 평행한 면이 합동인 다각형으로 이루어져 있고, 옆면이 모두 직사각형인 입체도형을 말해요.

관련 '각뿔'은 밑면이 다각형, 옆면이 삼각형인 뿔 모양의 입체도형을 말해.

072

이하
수량이나 정도가 일정한 기준보다 더 적거나 모자라다는 말이에요. 그 수량이 범위에 포함돼요.

관련 '이상'은 수량이나 정도가 일정한 기준보다 더 많다는 말로, 그 수량이 범위에 포함돼.

미만
수량이나 정도가 범위에 포함되지 않으면서 그 아래인 경우를 말해요.

관련 '초과'는 수량이나 정도가 범위에 포함되지 않으면서 그 위인 경우를 말해.

073

백분율

전체 수량을 100으로 하여 그것에 대해 가지는 비율을 말해요. 백분율을 나타내는 단위로 퍼센트(%)를 사용해요.

관련 백분율을 100으로 나누어 표시하면,
35.6%=0.356
10,000원의 10%는 1,000원

비

두 가지 수나 양을 비교하여 나타낸 것을 말해요. 비를 적을 때는 순서가 바뀌지 않도록 주의해요.

관련 비는 6:4로 표시하고, 6 대 4 또는 6과 4의 비, 4에 대한 6의 비라고 읽으면 돼.

겉넓이

물체 겉면의 넓이를 말해요. 직육면체의 경우 여섯 개의 직사각형의 넓이의 합을 구하면 직육면체의 겉넓이가 돼요.

관련 '부피'는 입체도형 안에 물을 채울 수 있는 공간이 차지하는 크기야.

원주율

원의 둘레를 원의 지름으로 나눈 값으로 원둘레와 지름의 비를 말해요. 원주율은 크기와 상관없이 3.14로 같아요.

관련 원주율은 '파이(π)'라고도 부르며, 3.141592… 로 무한히 이어진다.

가로세로 숨은 낱말 퍼즐

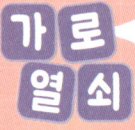

가로 열쇠

❶ 두 가지 수나 양을 비교하여 나타낸 것
❷ 두 개의 도형이 크기와 모양이 같아 서로 포개었을 때에 완전히 겹쳐진다.
❸ 두 개의 평행한 면이 합동인 다각형으로 이루어져 있고, 옆면이 모두 직사각형인 입체도형
❹ 두 수의 공통된 배수 중에서 가장 작은 수
❺ 물체 겉면의 넓이로, 직육면체의 경우 여섯 개의 직사각형의 넓이의 합
❻ 분모와 분자 사이의 공약수가 1뿐이어서 더 이상 약분되지 않는 분수
❼ 비교할 양이나 수치의 분포를 막대 모양의 도형으로 나타낸 그래프
❽ 입체도형을 한 평면 위에 펴 놓은 그림

① 도형을 한 점을 중심으로 180도 돌렸을 때, 처음 도형과 완전히 겹치는 도형
② 도형의 테두리를 따라 한 바퀴 돌아간 길이
③ 셋 이상의 선분으로 둘러싸인 평면도형
④ 수량이나 정도가 범위에 포함되지 않으면서 그 아래인 경우
⑤ 수량이나 정도가 일정한 기준보다 더 적거나 모자라고, 그 수량이 범위에 포함된다.
⑥ 어떤 수를 나누었을 때 나머지가 0이 되는 수
⑦ 원의 둘레를 원의 지름으로 나눈 값으로 원둘레와 지름의 비
⑧ 전체 수량을 100으로 하여 그것에 대해 가지는 비율

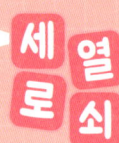

세로 열쇠

숨은 낱말을 찾아 동그라미로 표시해 봐!!

다	면	체	분	자	미	선	합	동
각	기	둥	최	대	만	오	각	형
형	초	과	비	율	뭇	전	개	도
태	각	백	퍼	최	소	공	배	수
둘	뿔	분	센	변	점	겨	냥	도
레	이	율	트	막	대	그	래	프
길	하	예	각	삼	칭	직	원	형
기	약	분	수	각	도	선	주	약
변	겉	넓	이	형	형	분	율	수

075

열량

물질이 가지고 있는 열에너지의 양을 말해요. 음식이나 연료가 연소하거나 화학 반응을 일으킬 때 발생하게 돼요.

예) 열량이 높은 음식을 많이 먹으면 살이 찐다.

기온

공기의 온도를 말해요. 기온이 높으면 따뜻하고, 기온이 낮으면 차갑게 느껴져요.

예) 봄이 되면 기온이 점점 오르며 봄꽃이 피기 시작하지.

076

한살이

동물이나 식물이 태어나서 자손을 남기고 죽을 때까지의 과정을 말해요.

예) 곤충은 '알, 애벌레, 번데기, 성충'으로 자라는 과정을 한살이라고 불러.

풍화

암석이 햇빛, 공기, 물, 생물 따위의 작용으로 점차 파괴되거나 분해되는 일을 말해요.

예) 벽화는 풍화 작용에 의해 그 모습을 알아볼 수 없게 되었다.

습곡

지층이 물결 모양으로 주름이 지는 현상으로, 지각에 작용하는 횡압력으로 생겨요.

예) 습곡은 대륙 충돌이나 지각 변형에 의해 생겨난다.

지층

자갈, 모래, 진흙 등이 쌓여 층을 이루고 있는 것을 말해요. 휘어진 지층은 습곡, 끊어져 어긋난 지층은 단층이라 해요.

예) 지층은 보통 퇴적물이 평행하게 쌓여 만들어지지.

분출

액체나 기체가 솟구쳐서 뿜어져 나온다는 말이에요. 용암 분출, 증기 분출, 온천 분출처럼 쓰여요.

예) 화산에서 뜨거운 용암이 분출되고 있어.

반사

일정한 방향으로 나아가던 파동이 다른 물체에 부딪쳐서 다시 되돌아오는 현상을 말해요.

예) 호수의 윤슬은 빛의 반사 때문에 생긴다.
*윤슬 : 햇빛이나 달빛이 물결 위에 반짝이는 모습

079

응결

기체인 수증기가 액체인 물로 상태가 변하는 현상을 말해요.

예) 얼음컵 표면에 물방울이 맺히는 것은 공기 중의 수증기가 응결된 거야.

생태계

어떤 환경 안에서 살아가는 생물과 빛, 온도, 물 등과 같은 환경을 모두 포함하여 이르는 말이에요.

예) 산, 들, 바다는 서로 다른 생태계를 가지고 있다.

080

용매
어떤 액체에 물질을 녹여서 용액을 만들 때 그 액체를 말해요.

예) 설탕물을 만들 때 용매는 물이야.

용질
용액에 녹아 있는 물질을 말해요. 액체에 다른 액체가 녹아 있을 때에는 양이 적은 쪽을 용질이라고 해요.

예) 설탕물을 만들 때 용질은 설탕이야.

081

관측

육안이나 기계로 자연 현상 특히 천체나 기상의 상태, 추이, 변화 따위를 관찰하여 측정하는 일을 말해요.

예 기상 관측을 통해 비구름의 이동 경로를 알 수 있어.

산성

일반적으로 신맛이 나며 PH가 7보다 낮은 상태를 생성하는 물질을 말해요. 푸른색 리트머스 종이를 붉게 만들어요.

예 보통 식초나 레몬 주스처럼 산성 물질은 신맛을 낸다.

082

자극

감각 기관에 작용하여 반응을 일으키게 하는 일을 말해요. 자극에 따라 다양한 반응을 일으켜요.

예) 식물은 빛 자극을 이용해 광합성에 어떤 영향을 미치는지 연구할 수 있어.

건구 온도계

공기 온도를 직접 측정하는 온도계로 기온을 측정할 때 사용해요. 일상에서 흔히 사용하는 온도계도 건구 온도계예요.

관련) 건구 온도와 습구 온도의 차이로 습도를 측정할 수 있어.

083

나침반

자석의 성질을 이용해 방향을 알려 주는 기구를 말해요.

예 나침반의 빨간색 바늘은 항상 북쪽을 가리키고 있지.

압력

물체가 수직으로 미는 힘을 말해요. 물의 압력은 수압이라고 하고, 지구를 둘러싼 대기의 압력은 기압이라고 해요.

예 면적이 좁을수록 압력이 높아지고, 넓을수록 압력이 낮아진다.

084

먹이 사슬

생태계에서 먹이를 중심으로 이어진 생물 간의 관계로 사슬처럼 연결되어 있어요.

예) 먹이 사슬은 '풀 ⇨ 메뚜기 ⇨ 개구리 ⇨ 뱀' 처럼 포식자와 피식자의 관계를 보여 줘.

발화

불이 일어나거나 타기 시작한다는 말이에요.

예) 불장난은 화재를 일으키는 발화 원인이 될 수 있어 절대 하면 안 돼요.

가로세로 낱말 퍼즐

가로 열쇠

① 액체나 기체가 솟구쳐서 뿜어져 나오다.
② 어떤 액체에 물질을 녹여서 용액을 만들 때 그 액체
③ 길이, 면적, 무게, 양 따위를 재는 기구를 통틀어 이르는 말 초성 ㄱㄱ
④ 암석이 햇빛, 공기, 물, 생물 따위의 작용으로 점차 파괴되거나 분해되는 일
⑤ 지층이 물결 모양으로 주름이 지는 현상
⑥ 일정한 방향으로 나아가던 파동이 다른 물체에 부딪쳐서 다시 되돌아오는 현상
⑦ 기체인 수증기가 액체인 물로 상태가 변하는 현상
⑧ 물체가 수직으로 미는 힘
⑨ 생태계에서 먹이를 중심으로 이어진 생물 간의 관계로 사슬처럼 연결되어 있다.

세로 열쇠

① 파장이 다른 여러 개의 빛이 프리즘을 통과할 때에 각각의 색의 띠로 갈라지는 현상 초성 ㅂㅅ
② 생물과 빛, 온도, 물 등과 같은 환경을 모두 포함하여 이르는 말
③ 용액에 녹아 있는 물질
④ 일반적으로 신맛이 나며 푸른색 리트머스 종이를 붉게 만든다.
⑤ 불이 일어나거나 타기 시작하다.
⑥ 공기의 온도를 관찰하여 측정하는 일
⑦ 자석의 성질을 이용해 방향을 알려 주는 기구
⑧ 습기가 많은 축축한 땅 초성 ㅅㅈ
⑨ 자갈, 모래, 진흙 등이 쌓여 층을 이루고 있는 것
⑩ 동물이나 식물이 태어나서 자손을 남기고 죽을 때까지의 과정

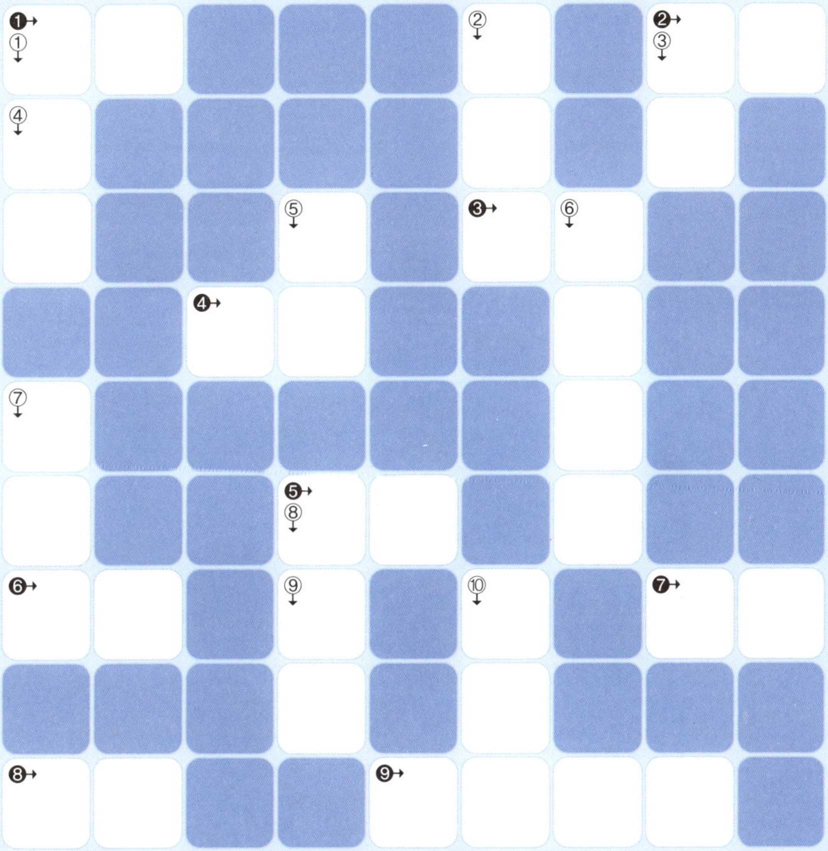

085

남중고도

태양이 하루 중 하늘에서 가장 높은 위치에 도달했을 때에, 태양과 땅 사이의 각도를 말해요.

예) 남중고도는 계절마다 달라져 여름에는 높아지고, 겨울에는 낮아지지.

극지방

지구의 양 끝에 위치해 있는 남극과 북극을 중심으로 한 그 주변 지역을 말해요.

예) 극지방에서는 겨울에는 해가 뜨지 않는 극야가, 여름에는 해가 지지 않는 백야가 나타난다.

086

물질

물체를 이루고 있는 재료를 말해요. 물질은 고체, 액체, 기체 세 가지 형태로 상태가 변해요.

예) 물, 공기, 나무, 금속 등이 물질이야.

탈바꿈

동물이 성장하며 큰 형태 변화를 거치는 과정을 말해요. 보통 알 ⇨ 유충 ⇨ 번데기 ⇨ 성충으로 성장해요.

예) 번데기 단계를 거치지 않으면 불완전 탈바꿈이라 하고, 거치면 완전 탈바꿈이라 한다.

침식

비, 하천, 빙하, 바람 따위의 자연 현상이 지표를 깎는 일을 말해요.

예) 침식 작용을 통해 강에서는 계곡을 만들고, 바닷가에서는 해안선이 변화하지.

혼합물

두 가지 이상의 물질이 각각의 성질을 지니면서 서로 화학적 결합을 하지 아니하고 뒤섞인 물질을 말해요.

예) 콩과 모래를 섞거나 소금과 물을 섞어 만든 소금물도 혼합물이다.

단층

지각 변동으로 지층이 갈라져 어긋나는 현상이나 그런 지형을 말해요.

예 단층이 생길 때 지진이 발생하고, 위치와 규모에 따라 지진의 강도가 달라져.

떡잎, 본잎

떡잎은 싹이 틀 때 가장 먼저 나는 잎이고, 본잎은 떡잎 다음에 나오는 잎으로 본잎이 나오면 떡잎은 저절로 떨어져요.

예 떡잎은 초기 생장을, 본잎은 광합성으로 본격적인 생장을 돕는다.

089

광합성

식물이 햇빛을 받아 영양분을 만드는 과정으로, 빛 에너지를 이용해 이산화탄소와 수분으로 유기물을 합성해요.

예) 본잎은 햇빛을 받아 광합성을 하여 양분을 만든다.

수생 식물

물속에서 자라는 식물을 통틀어 말해요. 수련, 연꽃, 개구리밥 등 다양한 식물이 있어요.

예) 수생 식물은 물 위에 떠 있거나 전체가 물속에 잠기기도 하고, 뿌리만 물속에 잠기기도 해.

090

굴절
빛이 직진하다가 다른 물질의 경계를 지나면서 꺾이는 현상을 말해요. 물속에 있는 빨대가 꺾여 보이는 것도 굴절 때문이에요.

예) 프리즘이나 돋보기를 사용하여 빛의 굴절을 관찰할 수 있다.

광원
자기 스스로 빛을 내는 물체를 말해요. 태양, 별 등이 있어요.

예) 태양과 별은 자연 광원이라 하고, 전구, 촛불 등은 인공 광원이라고 해.

091

증발

어떤 물질이 액체 상태에서 기체 상태로 변하는 현상을 말해요. 물 표면에서 물이 수증기로 상태가 변하지요.

예 증발 속도는 온도가 높을수록 빨라지고, 낮으면 늦어지거나 증발하지 않게 돼.

표면

사물의 가장 바깥쪽. 또는 가장 윗부분을 말해요. 외부와 직접 접촉하는 면이기도 해요.

예 나무줄기를 만져 보면 표면이 거칠고 울퉁불퉁하다.

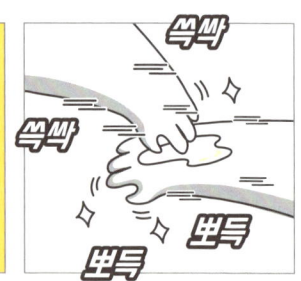

092

염기성

일반적으로 쓴맛이 나며 단백질을 녹이는 성질이 있어 미끈거려요. PH가 7보다 크고 붉은 리트머스 종이를 파랗게 만들어요.

예) 염기성의 반대 성질은 산성이야.

반응

자극에 대응하여 어떤 현상이 일어난다는 말이에요.

예) 반응 속도는 온도, 농도, 압력부 등 다양한 요인에 의해 영향을 받는다.

093

입자

물질을 구성하는 미세한 크기의 물체를 말해요. 분자, 원자 등을 포함하는 넓은 범위의 개념이에요.

예) 설탕 입자가 고울수록 물에 잘 녹는다.

공전

한 천체가 다른 천체의 둘레를 주기적으로 도는 일을 말해요. 지구는 태양 주위를 일 년에 한 바퀴씩 돌아요.

관련) '자전'은 천체가 스스로 고정된 축을 중심으로 회전하는 거야.

보면 볼수록 놀랍단 말이야.

잔자라, 뭐가 그렇게 놀랍다는 거야?

뭐긴, 당연히 지구의 환경이지.

낮과 밤, 계절 변화, 기후, 해류, 조수 간만의 차이… 이 모든 게 말이야.

생명체가 살아가기에 정말 완벽한 환경을 제공하잖아.

히히~, 그건 모두 지구가 공전과 자전을 하기 때문이잖아.

094

관찰

사물이나 현상을 주의하여 자세히 살펴보는 것을 말해요. 여러 감각 기관을 이용해 자세히 살펴봐요.

㉑ 식물을 관찰하여 뿌리, 줄기, 잎을 자세하게 그렸다.

연소

물질이 산소와 화합할 때에, 많은 빛과 열을 내는 현상을 말해요. 연소는 탈 물질, 산소, 발화점 이상의 온도가 필요해요.

㉑ 촛불이 연소되면 빛과 열을 내는 것을 관찰할 수 있어.

095

세포

생물체를 이루는 기본 단위를 말해요. 세포 내에서 세포 분열, 대사 활동 등 다양한 생명 활동이 일어나요.

예) 동물과 식물의 세포는 모양과 구성이 다르게 생겼지.

화성암

마그마가 냉각·응고되어 이루어진 암석을 말해요. 화강암은 땅속 깊은 곳에서, 현무암은 땅 위에서 만들어졌어요.

예) 화성암은 냉각 속도에 따라서 빠르면 미세해지고, 느리면 크고 뚜렷한 결정을 갖는다.

096

퇴적암

자갈, 모래, 진흙 등의 퇴적물이 쌓인 뒤 단단하게 굳어져 만들어진 암석을 말해요.

예) 퇴적암은 암석을 이루는 알갱이의 크기에 따라 역암, 사암, 이암으로 구분된다.

전자석

전기가 흐를 때만 자석의 성질이 나타나는 일시적 자석을 말해요. 전기 자석이라고도 불러요.

예) 전자석을 이용해 문을 잠그거나 열기도 하고, 자기부상열차를 움직이기도 하지.

097

화석

옛날에 살았던 동식물의 유해와 활동 흔적이 퇴적물에 매몰되거나 지상에 그대로 보존되어 남아 있는 것을 말해요.

예) 화석을 통해 그 시대의 생활 모습, 살았던 환경 등을 알 수 있어.

태양계

태양을 중심으로 공전하는 천체(행성, 위성 등)의 집합을 말해요. 우리 지구도 태양계에 속해요.

예) 태양계의 주요 행성은 수성, 금성, 지구, 화성, 목성, 토성, 천왕성, 해왕성이다.

이슬

공기 중의 수증기가 기온이 내려가거나 찬 물체에 부딪힐 때 엉겨서 생기는 물방울을 말해요.

예 이슬은 밤 동안 기온이 내려가 새벽이나 이른 아침에 맺힌다.

속력

속도의 크기로, 물체가 이동하는 빠르기를 이동한 거리로 나타낸 것이에요.

예 '시속'은 1시간 단위로 잰 속도로, 100km/h는 1시간 동안 100km를 이동한 거야.

가로세로 숨은 낱말 퍼즐

가로 열쇠

① 마그마가 냉각·응고되어 이루어진 암석
② 물속에서 자라는 식물
③ 물질을 구성하는 미세한 크기의 물체
④ 비, 하천, 빙하, 바람 따위의 자연 현상이 지표를 깎는 일
⑤ 빛이 직진하다가 다른 물질의 경계를 지나면서 꺾이는 현상
⑥ 일반적으로 쓴맛이 나며 붉은 리트머스 종이를 파랗게 만든다.
⑦ 자기 스스로 빛을 내는 물체
⑧ 지각 변동으로 지층이 갈라져 어긋나는 현상이나 그런 지형
⑨ 남극과 북극을 중심으로 한 그 주변 지역
⑩ 태양을 중심으로 공전하는 천체(행성, 위성 등)의 집합
⑪ 태양이 하루 중 하늘에서 가장 높은 위치에 도달했을 때에, 태양과 땅 사이의 각도

① 동물이 성장하며 큰 형태 변화를 거치는 과정
② 두 가지 이상의 물질이 각각의 성질을 지니고 서로 화학적 결합을 하지 않고 뒤섞인 물질
③ 물질이 산소와 화합할 때에, 많은 빛과 열을 내는 현상
④ 물체를 이루고 있는 재료
⑤ 사물의 가장 바깥쪽. 또는 가장 윗부분
⑥ 속도의 크기로, 물체가 이동하는 빠르기를 이동한 거리
⑦ 식물이 햇빛을 받아 영양분을 만드는 과정
⑧ 싹이 틀 때 가장 먼저 나는 잎
⑨ 어떤 물질이 액체 상태에서 기체 상태로 변하는 현상
⑩ 한 천체가 다른 천체의 둘레를 주기적으로 도는 일

세로 열쇠

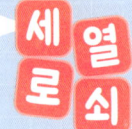

숨은 낱말을 찾아 동그라미로 표시해 봐!!

굴	절	물	광	원	남	중	고	도
혼	빛	질	합	우	주	표	자	속
합	염	기	성	열	프	면	석	력
물	극	지	방	연	리	태	양	계
수	생	식	물	소	즘	떡	저	울
세	포	돋	보	기	새	잎	힘	퇴
공	포	침	식	탈	과	입	자	행
전	화	증	고	바	학	화	성	암
단	층	발	체	꿈	실	석	실	험

초판 6쇄 2025년 12월 12일
초판 1쇄 2025년 4월 15일

글·그림 한날

펴낸이 정태선
펴낸곳 파란정원
출판등록 제395-2010-000070호
주소 서울특별시 은평구 가좌로 175, 5층
전화 02-6925-1628 | **팩스** 02-723-1629
제조국 대한민국 | **사용연령** 8세 이상 어린이
홈페이지 www.bluegarden.kr | **전자우편** eatingbooks@naver.com
종이 다올페이퍼 | **인쇄** 조일문화인쇄사 | **제본** 경문제책사

글·그림ⓒ한날 2025
ISBN 979-11-5868-296-5 73700
*이 책에 사용된 낱말의 뜻은 국립국어원 표준국어대사전을 기초로 하였습니다.

이 책은 저작권법에 따라 보호받는 저작물이므로 무단 전재와 무단 복제를 금지하며,
이 책 내용의 전부 또는 일부를 이용하려면 반드시 저작권자와 파란정원(자매사 책먹는아이·새를기다리는숲)의 동의를 얻어야 합니다.
*잘못된 책은 구입하신 서점에서 바꿔 드립니다.

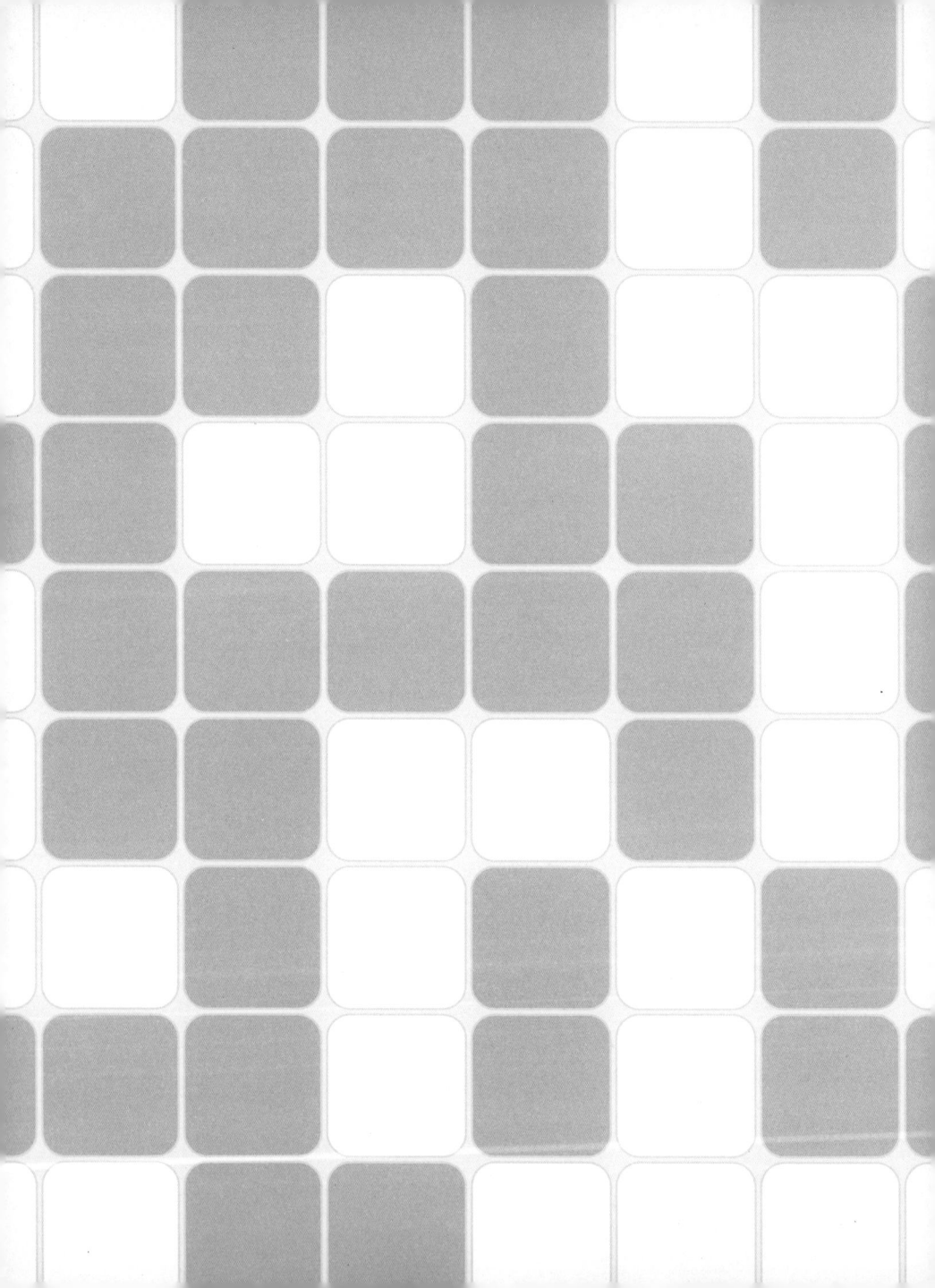